AF555485

ANECDOTES

INÉDITES OU PEU CONNUES

SUR

LE GÉNÉRAL MOREAU,

Concernant divers honneurs qu'il reçut pendant sa proscription, ses derniers adieux à son épouse, sa dernière lettre à l'Empereur Alexandre, la lettre de ce Monarque à sa veuve, et quelques faits, ignorés jusqu'ici, relatifs à sa conduite lors de son jugement; recueillis par M. Garat, Membre du Sénat et de l'Institut.

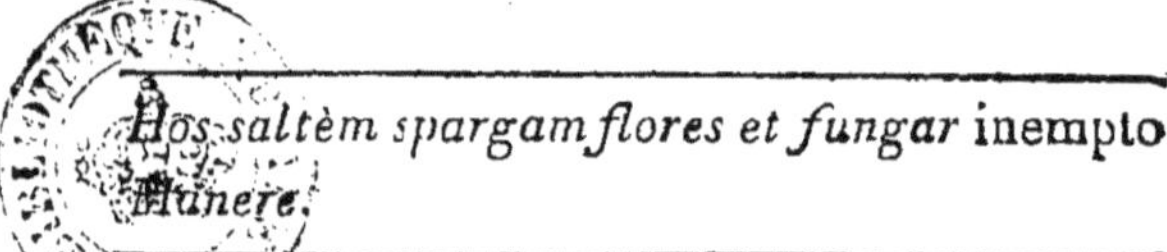

Hos saltèm spargam flores et fungar inempto *Munere.*

A PARIS,

Chez L.-P. SÉTIER Fils, Imprimeur-Libraire, Cloître Saint-Benoît, N°. 23;

Et chez les Marchands de Nouveautés.

10 JUILLET. — 1814.

ANECDOTES

INÉDITES OU PEU CONNUES

SUR

LE GÉNÉRAL MOREAU.

Le général Moreau est du petit nombre de ces hommes dont on entend toujours parler avec intérêt; sa conduite dans les armées et dans la société ont fait l'admiration de ses compatriotes et de l'étranger. Témoins de cette récompense qu'on accorde si rarement au mérite modeste, nous avons cru que l'on nous saurait gré d'avoir recueilli, réuni et publié quelques particularités inédites ou peu connues sur ce grand Capitaine, et d'y avoir ajouté quelques détails sur ses derniers momens, puisés dans des pièces authentiques et dans des feuilles étrangères.

Après la bataille de Hohenlinden, Moreau revint à Paris, et le ministre de la guerre lui donna une fête, où l'art, le bon goût et la reconnaissance offrirent un spectacle tout-à-fait nouveau. Dans chaque salle, on avait gravé sur une colonne le nom d'une victoire de ce général, de manière qu'il avait beau sortir d'une pièce pour se dérober à la vue d'un hommage que sa modestie voulait lui faire éviter, en entrant dans une autre, il trouvait le même hommage. Le lendemain, un homme de lettres lui adressa le quatrain suivant :

Pour se dérober à sa gloire,
Devant les monumens remplis de sa mémoire,
En vain Moreau s'échappe et fuit;
Sa gloire partout le poursuit.

Rien ne prouve mieux la vérité de cette pensée que l'accueil qu'il reçut à Cadix, lorsqu'il y passa pour se rendre dans les Etats-Unis d'Amérique. Dès que le gouverneur de cette ville fut instruit de son arrivée, il s'empressa d'envoyer au-devant de lui sa voiture. Son entrée fut signalée par cent coups de canon ; à la porte, les factionnaires lui portèrent les armes, et bientôt toute la ville retentit sur son passage du cri unanime : *Vive le général Moreau*! Le soir, il se rendit au spectacle; il eut beau se placer sur le derrière d'une loge; il fut aperçu et les mêmes acclamations furent réitérées à plusieurs reprises; on ne pouvait se lasser de contempler cet illustre proscrit.

En sortant de la salle, comme il avait à traverser un corridor, il trouva deux haies de seigneurs qui, tous, jetèrent leurs manteaux au-devant de ses pas; honneur que la noblesse espagnole ne rend qu'aux souverains ou aux personnes de la plus haute distinction.

Moreau s'embarqua sur un bâtiment espagnol pour se rendre en Amérique. En pleine mer, ce navire fut arrêté par le capitaine d'une frégate anglaise, qui demanda leurs passe-ports à tous les voyageurs. Arrivé au tour de l'Aristide français, celui-ci ouvrant son porte-feuille lui dit : « Je suis le général Moreau ». C'est assez, lui répondit le capitaine anglais, fermez votre porte-feuille; Moreau n'a jamais menti. Ils déjeûnèrent ensemble; et, au moment de leur séparation, l'anglais fit tirer cent un coups de canon en l'honneur du général.

Moreau vivait tranquillement dans les Etats-Unis, lorsqu'il fut appelé par l'empereur Alexandre à cette nouvelle Croisade qui devait affranchir l'Allemagne et l'Europe entière. A peine arrivé, il mourut; comme si le ciel eût envié à un Français l'honneur de délivrer la France.

Quand il fut blessé, il se trouvait derrière une batterie prussienne, contre laquelle étaient dirigées deux batteries françaises, l'une sur le pont, l'autre sur le flanc. Lord Catheart et sir Robert Wilson se trouvaient à quelques pas de lui, tandis qu'il parlait à l'Empereur Alexandre. Il n'était séparé d'eux que par la demi-longueur d'un cheval, lorsqu'il fut atteint d'un boulet. Il poussa d'abord un long soupir; mais, dès qu'il fut revenu à lui et qu'on l'eut soulevé, il parla avec le plus grand sang-froid et se fit donner une cigare.

On le porta, sur des piques de Cosaques mises en travers, dans une chaumière voisine; mais il y était tellement exposé au fer ennemi, qu'après avoir été légèrement pansé, il fallut le transporter plus loin au quartier-général de l'Empereur, où on lui fit l'amputation d'une jambe, pendant qu'il continuait tranquillement de fumer.

Mais lorsque le chirurgien commença de lui parler de la nécessité de faire aussi l'amputation de l'autre jambe, Moreau répondit avec beaucoup de sang-froid que, s'il avait su cela, il aurait mieux aimé mourir.

Quelques momens après, il se fit apporter une écritoire, et son premier soin fut d'informer son épouse du malheur qu'il venait d'éprouver.

Lettre du général Moreau à son épouse, écrite de Laun, le 30 août 1813, trois jours avant sa mort, telles que les feuilles étrangères l'ont rapportée.

« Ma bonne amie, dans la bataille de Dresde, qui a fini, il y a trois jours, j'ai eu les deux jambes emportées. L'amputation a réussi aussi bien que possible. Quoique l'armée ait fait un mouvement rétrograde, ce n'est pourtant pas la suite d'un revers; cela ne s'est fait que pour se rapprocher du corps de Blucher. Excuse mon griffonnage. Je t'aime et t'embrasse de tout mon cœur. Rapatel terminera. *Signé*, V. M. (Victor Moreau.) »

Suite de cette lettre de la main de Rapatel.

« Madame, le général me permet de continuer sur la même feuille sur laquelle il a écrit quelques lignes. Faites-vous une idée de mon chagrin, depuis ce qu'il vous a annoncé. Depuis le premier moment de sa blessure, je ne l'ai pas quitté un instant, et je ne le quitterai pas jusqu'à parfaite guérison. Nous avons les meilleures espérances; moi, qui le connais si bien, j'ose espérer que nous le sauverons.

» Il a soutenu l'amputation avec un courage

héroïque et sans perdre connaissance. Le premier appareil a été levé, et l'on a trouvé les blessures en bon état ; il n'a eu qu'une fièvre legère, lors de l'ulcération ; celle-ci a considérablement diminué.

» Pardonnez-moi le récit de ces détails ; ils sont aussi douloureux pour moi, qu'ils le seront pour vous. J'ai eu besoin de courage depuis quatre jours ; j'en aurai encore besoin ; comptez sur mes soins, sur mon amitié, sur tous les sentimens que vous m'avez inspirés tous les deux, et avec lesquels je le servirai. Ne soyez pas inquiète ; je n'ai pas besoin de vous dire : Ayez du courage. Je connais votre cœur. Je ne négligerai aucune occasion de vous donner des nouvelles.

» Dans ce moment, le médecin m'assure que, si tout continue à bien aller, le général pourra supporter la voiture dans cinq semaines. Adieu, respectable amie. Je suis très-malheureux. J'embrasse la pauvre Isabelle (fille de Moreau, âgée de huit ans.) Le plus dévoué de vos serviteurs. *Signé*, RAPATEL. »

Des détachemens des trois armées alliées

A Laun (*), le 30 août 1813.

(*) Laun est une ville de la Bohême, à dix lieues de Tœplitz.

avaient porté Moreau sur une chaise longue depuis Dresde. Il ne poussait aucun gémissement; il était pâle, et ses joues enfoncées, son nez pointu et un trait presqu'imperceptible de la bouche indiquaient un combat non décidé des forces vitales et une grande douleur intérieure. Sa voix était ferme et claire, et son ame pleine de sérénité; il s'intéressait encore très-vivement à la cause des nations.

Il mourut le 2 septembre à sept heures du matin; à l'instant même, il venaitt d'achever de dicter une lettre à l'empereur Alexandre, conçue en ces termes :

SIRE,

« Je descends au tombeau avec le même respect et les mêmes sentimens que vous m'avez inspirés dès le premier moment que je vous ai vu. »

Son corps fût embaumé pour être ensuite transporté à Saint-Pétersbourg.

Particularités sur le général Moreau, révélées pour la première fois par le sénateur Garat.

Dans le tems où était ourdie une conspiration réelle, que le pouvoir contre qui elle était formée, avait approchée de Moreau pour l'y faire tomber comme dans un piége; des entretiens fréquens et secrets avec lui, apprirent à M. Garat à connaître à fond sa belle ame.

Suivant ce sénateur, si Moreau eût ditun mot, des vengeurs des Bourbons et des vengeurs de la république auraient frappé le coup, qu'on eût regardé comme l'affranchissement des nations; ce mot, prononcé par lui, eût tout ennobli; mais ce mot qui, cent fois, lui fut demandé, Moreau eut toujours horreur de le prononcer! » Nous ne valons rien pour conspirer, disait-il en souriant, à M. Garat; mais je connais un conspirateur auquel il n'échappera point; c'est lui-même, il va se perdre dans ses folies. »

On peut comparer ce qu'il y a de plus beau dans les plus grands caractères deux autres faits, dont l'un précéda, et l'autre suivit le jugement; ils sont révélés pour la première fois.

La nuit même du jugement, on entra dans la prison de l'illustre accusé ; on lui offre de briser ses fers, de le placer sous un dais de bayonnettes pour le mener au peuple qui, déjà secrètement, lui décernait des triomphes. On l'avait nommé dormant; (eh ! quelle preuve de son innocence que ce sommeil !) On eut peine à le réveiller : « *Non*, répondit-il, *je ne veux point qu'il puisse y avoir une seule goutte de sang versée pour sauver le mien.*

Après que la réclusion de deux ans lui eut été prononcée, et qu'il l'eut écoutée en silence, il descendit de même en silence l'escalier du palais; il traversa la foule immense qui ne parlait que de lui, sans qu'il lui échappât un mot, un mouvement qui le décélât. Arrivé dans une rue, il s'y trouve seul : tout semble avoir préparé son évasion; il se jette dans un fiacre, et crie au cocher : *au Temple.*

Là, il se présente seul; il frappe à la porte de cette prison; il a de la peine à se la faire ouvrir; il dicte lui-même son écrou. Ces faits, ajoute M. Garat, ont tellement le caractère de ce qu'il y a de plus beau dans l'antiquité, de ces vertus dont nous avons seulement entendu parler, qu'on croira peut-être un jour difficilement qu'elles appartiennent aux tems modernes.

Quelques détails sur la retraite de Moreau.

Quand le général Jourdan eut été complettement battu par le prince Charles, et que sa jonction avec Moreau fut devenue impossible, ce dernier se trouva dans une situation fort critique. Sachant que le vainqueur s'avançait en montant la rive droite du Rhin, pour lui couper les derrières et le passage de la Forêt-Noire ; il assembla son conseil ; et, comme il était naturellement un peu indécis, il hésitait sur le parti qu'il y avait à prendre. « Nous n'avons pour nous sauver, dit Desaix, qu'un seul moyen, c'est d'aller toujours en avant. »

Ce conseil fut suivi, et réussit si bien qu'il força le prince Charles de retourner sur ses pas pour s'arrêter aux progrès de l'armée française ; et lorsqu'il fallut rétrograder, Moreau, qui portait pour ainsi dire la victoire dans sa tête, saisit avec tant de sagacité les postes les plus avantageux, qu'il se couvrit de gloire, même en fuyant, puisqu'il prit huit mille hommes.

Sur la motion d'un Sénateur au sujet du général Moreau.

Le 26 avril dernier, le sénateur Lanjuinais fit en plein Sénat la motion de réhabiliter la mémoire de Moreau. Cette proposition eut à peine transpiré dans le public qu'elle y fut d'abord accueillie avec enthousiasme ; mais, avec un peu de réflexion, on ne tarda point à la trouver déplacée.

En effet, est-il convenable de vouloir réhabiliter la mémoire d'un homme qui n'a cessé de bien mériter de sa patrie, dont le dernier soupir fut pour la délivrance de l'Europe entière ? Fit-on un crime à Thrasyle d'avoir marché à la tête d'illustres proscrits contre la ville d'Athènes et d'avoir brisé le joug de ses trente tyrans? Moreau marchait sous les drapeaux d'Alexandre; l'affranchissement de l'Europe a justifié son apparition au quartier-général de ce monarque.

Loin de regarder la fin de l'un de nos plus grands Capitaines comme une tache à sa mémoire, appuyons plutôt la proposition qu'on a déjà faite, de lui dresser un monument qui retrace les derniers momens de sa glorieuse carrière : « Le marbre et le bronze, dit M. Garat, vont faire reparaître, respirer et parler au milieu de nos places, de nos jardins et de nos Elysées les images les plus adorées de nos anciens rois. Elles ne seront point inhospitalières ; elles se réjouiront de voir à côté d'elles les images d'Alexandre et de Moreau, représentées au moment où le héros citoyen, frappé du coup mortel, tombe à côté du monarque du Nord qui le presse sur son sein, qui lui répète ces promesses remplies sous nos yeux par les nouvelles destinées de la France ».

Nous terminerons cet hommage à la mémoire de notre héros par le portrait qu'en fait un de nos littérateurs les plus distingués ;

« Moreau, dit-il, était doué d'autant de modestie et de simplicité, que Bonaparte étalait de vanité et de charlatanisme. Estimé des chefs et des peuples ennemis envers qui il se montrait toujours loyal, humain et généreux; adoré de ses soldats dont il ménageait le sang, et de ses lieutenans dont il ne dérobait pas la gloire; étranger à ces disputes de prééminence toujours si vaines et si fatales, on l'a vu plus d'une fois, après s'être laissé dépouiller sans murmure du commandement suprême, le reprendre sans orgueil pour sauver l'armée, et le remettre sans humeur pour recommencer à obéir ».

N'ayant d'autre ambition que celle d'être utile à son pays, et se croyant peu habile à le servir autrement que les armes à la main, dès qu'il les avait déposées, il rentrait sans bruit dans les rangs de la société, vivait paisiblement dans un cercle d'amis, et le grand général, redevenu simple citoyen, passait, sans être aperçu, au milieu d'un peuple qui s'entretenait encore de ses exploits ».

Sur Moreau en Italie.

Nous citerons à l'appui de la modestie et de la soumission de Moreau, ce passage de M. Garat : « Les armes de la république avaient éprouvé un premier échec en Italie; Moreau, *disgracié*, alla servir en volontaire parmi les grenadiers de l'armée de Scherer. Les Français, alors si peu accoutumés à être battus, le sont complètement. L'armée instruite que Moreau était dans ses lignes, presque caché au milieu du feu, le cherche, le trouve, s'arrête, et se réorganise autour de lui, comme dans les retraites on s'arrête sur une position heureuse, haute, inexpugnable.

Dans cette campagne savante et mêlée de revers, le caractère de Moreau se montra sous les formes d'une grandeur et d'une simplicité vraiment antiques (1) ». Après avoir tout préparé pour le succès d'une bataille, il écrit : « Une victoire en Italie est devenue nécessaire à la France, je vais tâcher de la remporter. Je suis sûr de mes soldats, et ils comptent sur moi ». Prêt à vaincre, il voit un autre général venir prendre le commandement de son armée, et il reste auprès de lui comme ami et comme conseil. Joubert est tué au commencement de la fatale journée de Novi, et Moreau, une seconde fois nommé général par nos malheurs,

---

(1) M. Garat affecte de ne prendre ses modèles de grandeur et de simplicité que chez les anciens; comme si l'histoire moderne n'avait point ses Bayards, ses Turenne, et beaucoup d'autres que l'antiquité n'aurait pas désavoués.

se trouve encore chargé de sauver des vaincus et de récompenser une armée mise en pièces, et il y parvient encore.

Tout ce qui tient au libérateur de l'Europe et à la famille du général Moreau présentant toujours le plus vif intérêt, nous avons cru bien mériter de la plupart de nos lecteurs, à qui la connaissance des papiers étrangers n'est point familière, en rapportant ici la lettre du digne descendant de Catherine la bienfaisante, à l'estimable épouse de notre héros.

Lettre de l'Empereur de Russie, à la Veuve du général Moreau.

Madame, lorsque le malheur affreux qui atteignit le général Moreau à mes côtés, me priva des lumières et de l'expérience de ce grand homme, je concevais l'espoir qu'on réussirait, par un traitement soigneux, à le conserver à sa famille et à mon amitié. La Providence en a autrement ordonné. Il est mort comme il a vécu, avec l'énergie d'une ame forte et constante.

Il n'existe pour les grandes souffrances qu'un seul remède, c'est de voir les autres y prendre part. En Russie, vous trouverez, Madame, partout, ces sentimens; et, s'il vous convenait de vous y fixer, je chercherais tous les moyens d'embellir la vie d'une personne à laquelle je me fais un devoir sacré d'offrir des consolations et un soutien. Je vous prie, Madame, d'y compter irrévocablement, de me faire connaître toutes les circonstances où je pourrai vous être utile, et de m'écrire toujours directement; ce sera pour moi un bonheur de prévenir vos vœux. L'amitié que j'ai assurée à votre époux s'étend au-delà du tombeau, et je n'ai d'autres moyens de m'acquitter, au moins en partie, de ma dette envers lui qu'en faisant quelque bien à sa famille.

Recevez, Madame, dans les circonstances tristes et cruelles, ces témoignages d'amitié, et l'assurance de mon vif intérêt.

Signé, ALEXANDRE.

L'Empereur a tenu sa parole envers madame Moreau, et lui a donné une forte dotation dans ses Etats. Mais, quelle que soit la générosité de ce Monarque, pour l'honneur du nom français, il faut présumer que deux grandes nations se disputeront les cendres de Moreau, comme les villes les plus célèbres de l'antiquité se disputaient le berceau de ses grands hommes, et que, sous un Souverain qui sait mettre en balance la dignité de l'homme avec la reconnaissance nationale, les restes de notre héros seront déposés dans un endroit vierge et pur comme son ame, au lieu d'être enfouis dans un souterrain, où l'on transporta jadis le cadavre du plus ignoble de tous les hommes.

S. . . . .

TABLE DES MATIÈRES.

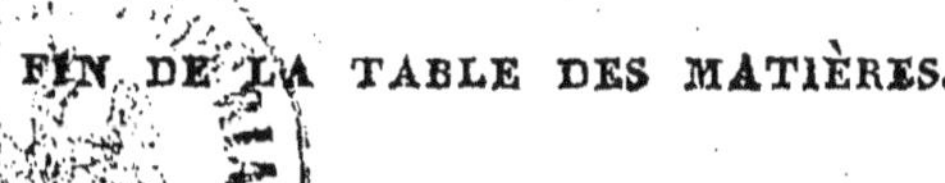

FIN DE LA TABLE DES MATIÈRES.

www.ingramcontent.com/pod-product-compliance
Lightning Source LLC
LaVergne TN
LVHW010410240826
846091LV00020B/3128

DU DROIT
AU BONHEUR

ÉTUDE SUR LE SOCIALISME

PAR

E. DUPRÉ LASALE
Substitut au Tribunal de la Seine.

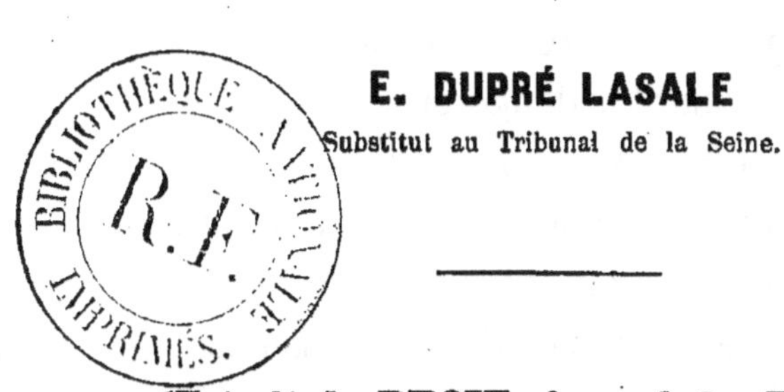

(**Extrait du DROIT**, **journal des Tribunaux des 19 et 20 septembre 1851.**)

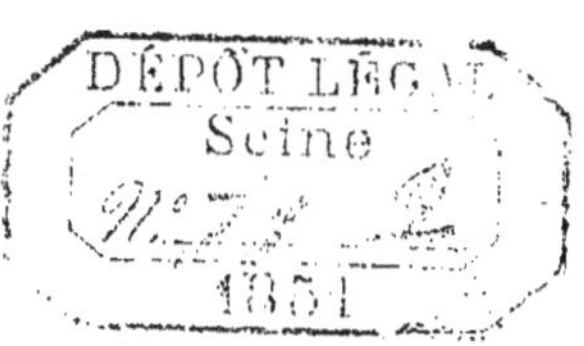

PARIS
IMPRIMERIE DE GUSTAVE GRATIOT
11, RUE DE LA MONNAIE

1851

DU DROIT
AU BONHEUR

ÉTUDE SUR LE SOCIALISME

De toutes les utopies qui tourmentent notre siècle, la plus étrange, comme la plus dangereuse, est la proclamation du droit au bonheur. Les sectes socialistes enseignent à l'envi que l'homme a été créé pour être heureux sur la terre; elles offrent de le conduire à cette félicité mondaine, seul but de son existence; elles poussent à la haine et à la destruction violente de toute forme de société, qui ne réalise pas les rêves du Paradis terrestre.

Cette doctrine, si conforme aux instincts de l'homme, est pourtant nouvelle. Pour la première fois elle se produit dans le monde à l'état de philosophie, j'ai presque dit à l'état de religion. Mais, dès son début, elle se répand, elle se propage, elle s'empare des imaginations, parce qu'elle est venue à son heure, et qu'elle a trouvé les esprits préparés à la recevoir.

Jusqu'à ce dernier temps, les peuples, courbés sous un lourd fardeau de misères, ne pouvaient comprendre un meilleur avenir. Aujourd'hui, la civilisation a versé sur eux tant de bienfaits, qu'ils n'admettent plus d'obstacles à leurs désirs; ils ont déjà reçu une si grande augmentation de bien-être; ils ont vu tant de progrès accomplis sous leurs yeux, tant de prodiges opérés par l'industrie, tant de conquêtes faites par les sciences sur la nature! On comprend qu'à ce merveilleux spectacle, une sorte de vertige troublant l'esprit des multitudes, elles aient pensé que, désormais, rien n'était au-dessus de leurs efforts, et qu'elles pouvaient sans crainte recommencer l'œuvre de la tour de Babel.

Nous avons tous partagé cette ivresse; nous avons tous encouragé l'orgueil de ces espérances. De nos jours les applaudissements se donnent surtout aux utopies; les réputations se fondent sur des paradoxes. Comment donc s'étonner si le bon sens des masses n'a pas toujours résisté à tant d'excitations venues d'en haut? Malheureusement on n'a pas non plus respecté leur conscience; déjà persuadées que rien ne leur était impossible, elles ont pu croire que rien ne leur était défendu. Leur caprice est devenu la règle suprême; les obstacles que ce caprice pouvait rencontrer, on travaille à les supprimer dans l'ordre moral comme on a promis de les détruire dans l'ordre matériel. On a exalté tous les droits et contesté tous les devoirs; on a bouleversé toutes les notions du bien et du mal; enfin, on a si lâchement flatté, si indignement adulé toutes les passions humaines, qu'aujourd'hui, non contentes de n'accepter aucun frein et de repousser toute honte, elles veulent qu'on les honore dans leurs excès mêmes; elles demandent un culte, comme aux temps où le paganisme les avait déifiées.

Ce culte, les apôtres du socialisme semblent prêts à l'établir; partout où leur voix se fait entendre, ils annoncent la prétention de fonder une religion nouvelle sur les ruines des anciennes religions. A la vérité ils ne s'accordent guère sur ces dogmes de l'avenir; mais quelle que soit la formule que chacun d'eux veuille graver au frontispice du temple, *attraction passionnelle*, *réhabilitation de la chair*, *triade* ou *anarchie*, toujours est-il que leurs prédications se résument et se réunissent dans la proclamation du droit au bonheur.

Les hommes ont toujours désiré le bonheur; ils ne l'ont jamais espéré dans ce monde; ils ont toujours considéré notre vie mortelle comme une préparation à une vie meilleure. Cette croyance, transmise d'âge en âge à travers toutes les philosophies et toutes les religions, avait reçu du christianisme l'autorité d'une révélation divine. Elle présidait à l'existence des peuples et des individus; elle ennoblissait leurs douleurs; elle purifiait leurs joies; elle mettait au service de la civilisation la pensée féconde du devoir; enfin, si, au fond de tous nos plaisirs, au fond de toutes nos jouissances, se trouvait un ennui caché, elle nous consolait, en nous montrant dans cette épreuve le secret religieux de notre passage sur la terre.

Il faut voir dans les livres des socialistes avec quelle indignation ils repoussent cette croyance. A les en croire, elle aurait jusqu'à ce jour entretenu le mal parmi les hommes. « Depuis trop longtemps, s'écrient-ils, les prêtres conspirent avec les riches pour tenir le pauvre enchaîné sous le dogme stupide de la résignation. Dieu ne nous a pas envoyés ici-bas pour être éprouvés, mais pour être heureux; il ne s'agit pas de mériter le bonheur, mais de le posséder. Nous l'avons cherché, tandis que les philosophes s'épuisaient en stériles maximes; nous l'avons trouvé, nous l'apportons au genre humain. »

Magnifiques promesses sans doute, mais comment les réaliser? Par la satisfaction donnée à tous les penchants de l'homme, par l'accomplissement de tous ses désirs? Comment accomplir tous ses désirs? Par la multiplication de la richesse. Comment multiplier la richesse? Par les prodiges de l'association. Tels sont les plans que les socialistes débitent sur leurs tréteaux à la foule ébahie. Or, je leur accorde leur association universelle, leur richesse universelle, et je doute encore qu'ils tiennent leurs promesses.

Pourront-ils supprimer le mal physique? Les sciences leur donneront-elles le moyen de faire disparaître les maladies, la vieillesse, la décrépitude des sens et l'intelligence? Ont-ils fait un pacte à la mort, et qu'est-ce donc que leur bonheur, s'il doit finir, s'il est sans cesse troublé par la pensée de cette fin prochaine? Sont-ils certains que nous ne pleurerons plus au chevet d'une mère expirante, sur la tombe d'une épouse ou d'un fils? Quand nous perdons ces êtres chéris, nous sommes affligés, et nous aimons notre affliction comme un dernier lien qui nous rattache à nos affections absentes, comme un hommage rendu à leur mémoire. Nos regrets sont cruels; mais l'oubli, qui seul peut les guérir, nous paraîtrait plus triste encore, puisqu'il ajouterait aux impuissances de notre nature. Combien de douleurs morales découlent ainsi du mal physique, dont nous voudrions à peine être délivrés, parce qu'il faudrait nous dépouiller en même temps de tous les sentiments qui honorent l'humanité!

Les autres douleurs naissent du mouvement des passions ou de la lutte des intérêts; les socialistes trouvent facile de les supprimer. Ils partent de cette idée que toutes les passions sont bonnes dans leur principe; elles se dépravent seulement parce qu'elles ne rencontrent pas les moyens légitimes de se contenter. L'obstacle les irrite et les pousse à la révolte; mais faisons disparaître l'obstacle; accordons à chacun ce qu'il désire; nous ne serons plus obligés de poursuivre par la violence ou la ruse la réalisation de nos rêves, ni de chercher notre félicité dans le malheur d'autrui.

Étrange doctrine qui reconnaît à nos passions le droit d'être assouvies, et leur donne la satiété pour unique frein; en sorte que toutes les règles de la responsabilité humaine seraient désormais changées; tous les actes coupables trouveraient une excuse, car si le mal naît du crime, la faute ne serait plus au criminel, qui a suivi l'impulsion irrésistible de ses penchants, mais à la société qui n'a pas su lui ouvrir une voie assez large, et qui l'a enfermé dans le cercle tyrannique de ses lois.

Doctrine aussi fausse que dangereuse, car l'homme n'obéit pas, comme les animaux, à d'aveugles instincts; il a reçu de Dieu le don de la conscience et de la liberté; sa raison lui montre le bien, son caprice le pousse vers le mal; lorsque ses penchants se transforment en vices, lorsque ses passions l'emportent jusqu'au crime, ce n'est pas qu'il ait manqué de légitimes satisfactions, c'est au contraire parce qu'il a cherché des jouissances défendues. On dérobe, pour ne pas travailler, le produit du travail des autres; on séduit la femme du voisin pour ne pas se charger des soins d'une famille; on poursuit de ses calomnies les rivaux qu'on n'a pas su égaler; on attaque les gouvernements dont on n'a pu obtenir les faveurs. Ces actes nuisibles, est-ce donc la nécessité qui les impose? Ne sont-ils pas le résultat d'une volonté profondément pervertie? Et quelle est la situation si prospère, quel est le milieu social si perfectionné, où la volonté de l'homme ne puisse se corrompre, et, se tourmentant elle-même, ajouter aux tourments de l'humanité?

L'erreur des socialistes est de confondre le bien-être avec le bonheur. Le bien-être regarde le corps; le bonheur exige en outre toutes les satisfactions de l'âme. Sans doute le bien-être contribue au bonheur, mais la brute seule s'en contente, et seule trouve son repos au sein des plaisirs matériels. Quelle est d'ailleurs la somme de ces plaisirs nécessaire à l'homme? A quel degré se déclarera-t-il satisfait? On a beau élargir le cercle de nos jouissances, nos désirs vont toujours plus loin. Les peuples, qui se plaignent le plus amèrement de leur sort, sont précisément ceux qui prennent la plus large part dans les bienfaits de la civilisation. De nos jours le pauvre supporterait-il si impatiemment l'infériorité de sa condition si, pour la rendre meilleure, il n'avait vu faire tant d'efforts généreux ?

C'est qu'en effet le bien-être développe partout de nouveaux besoins, de nouvelles ambitions; il éveille notre imagination, surexcite notre sensibilité, aiguillonne notre intelligence, et l'homme qui monte à la fortune devient à la fois plus ingénieux à souffrir, plus facile à tenter. Les désordres ne manquent pas dans les rangs des classes opulentes; quand on a si souvent dressé l'acte d'accusation de la bourgeoisie, devrait-on ignorer que l'usage de la richesse n'est pas un remède pour les maladies de l'âme? que la paix du cœur ne tient pas à quelques jouissances de plus ou de moins? peut-on, de bonne foi, chercher à démontrer cette honteuse équation de la morale et du plaisir?

Les plus ardentes passions, telles que l'amour et l'orgueil, sont indépendantes du bien-être; elles n'ont rien à lui demander, rien à en recevoir; elles trouvent tous leurs mobiles dans les relations des hommes entre eux, dans leurs rapports avec les formes sociales. On le reconnaît; mais parce que ces relations ne sont exemptes ni d'abus, ni de souffrances, on les proclame mauvaises, on décrète leur abolition. La famille a ses déchirements intérieurs; supprimons la famille; mais l'existence de caserne qu'on voudrait substituer à la vie domestique sera-t-elle plus douce? La camaraderie nous tiendra-t-elle lieu de toutes nos affections détruites? — Le mariage est une chaîne; supprimons le mariage; mais l'inconstance, érigée en institution, blessera les plus nobles cœurs; le dégoût sera le moindre malheur de ces mœurs de carrefour. — La fortune tombe souvent en des mains avares; supprimons la propriété; mais cette spoliation violente fera seulement passer les privations du côté de l'élite du pays, et pour interdire la propriété, il faudra des lois plus sévères que pour la protéger. — Les commerçants sont des intermédiaires parasites, qui trompent à la fois le producteur et le consommateur; supprimons le commerce; mais quand on aura confié à quelques fonctionnaires l'échange et l'entrepôt des denrées, que deviendra la foule inoccupée des marchands? Ne pourra-t-on pas, à bon droit, faire à cette machine sociale trop simplifiée le reproche qu'on adresse si injustement aux machines des manufactures? — La concurrence fait des victimes dans l'arène industrielle; supprimons la liberté de l'industrie; mais quand on aura enrégimenté, au nom de l'État, l'immense armée des travailleurs, l'espèce humaine se trouvera enserrée dans la discipline la plus dure qu'on puisse imaginer; et le despotisme des hommes sera-t-il moins odieux que la nécessité des choses? — Comment se rempliront, d'ailleurs, les cadres de cette hiérarchie nouvelle? Par le concours. Mais qui nous garantira l'équité des juges et la résignation du plus grand nombre renvoyé aux derniers rangs? Par l'élection? mais les luttes électorales ont leurs vainqueurs et leurs vaincus. Si, dans l'ordre politique, le système électif entraîne déjà tant de maux et de haines, que sera-ce donc lorsque tous les avantages de la vie privée dépendront de ses caprices? — Enfin, quelle règle présidera à la répartition de la richesse sociale? Donnerez-vous à chacun *suivant ses besoins?* Mais le travail et le talent se révolteront contre l'obligation de nourrir la paresse et l'ignorance. Donnerez-vous à chacun *suivant ses œuvres et sa capacité?* Mais quelle autorité assez intelligente et assez forte chargerez-vous de cette appréciation? Ajoutez que, dans une société ainsi organisée, la pauvreté ne serait plus seulement un mal, mais une honte, et qu'après avoir tout bouleversé au nom de l'égalité, on arriverait à l'inégalité la plus blessante, puisqu'elle ne laisserait à notre amour-propre aucune consolation. Ainsi, pour peu qu'on descende dans l'examen de ces systèmes destinés à fonder notre félicité, ce qui frappe tout d'abord, ce sont les peines nouvelles qui en seraient la conséquence nécessaire, en sorte que tout le soulagement que nous pourrions en espérer serait de changer de souffrances, comme ces malades qui se tournent et se retournent sur un lit de douleur.

S'il est, en outre, certain, par le témoignage de l'histoire, que depuis les premiers temps de leur séjour sur la terre, les hommes, à travers toutes les révolutions des empires et tous les caprices des législations, ont toujours été ramenés, comme par une force invincible, aux principes de la famille, de la propriété, de la liberté dans les transactions, de l'ordre maintenu par des pouvoirs stables et modérés; s'il est démontré par l'étude de notre organisation morale que c'est une loi de la nature humaine de marcher dans cette voie antique d'où l'on veut nous écarter, ne faut-il pas craindre qu'aux douleurs particulières qui découlent de tant de systèmes nouveaux, ne vienne se joindre cette douleur plus grande de notre nature, contrariée et comprimée? Qu'importe, diront les novateurs, pourvu que nous établissions la société sur des bases plus justes. Soit, répondrai-je à mon tour; mais que devient votre prétention de satisfaire mes penchants, au lieu de les régler? Ne me dites plus que je suis venu ici-bas seulement pour jouir, car, dès que vous m'imposez un effort ou un sacrifice, le bonheur que vous m'aviez promis disparaît tout entier.

C'est une folie ou un crime de faire naître dans l'esprit des peuples des espérances qu'on n'est pas certain de réaliser. On peut sans doute détruire en un jour l'œuvre des siècles passés; on peut nous imposer une de ces sanglantes expériences dont l'histoire garde les inutiles enseignements. Ce n'est pas la première fois qu'on aurait jeté dans la fournaise ardente des utopies les membres palpitants de l'humanité; elle en est toujours sortie semblable à elle-même. A peine guérie de ses blessures, elle se remettait à poursuivre de nouvelles illusions; pour elle, le désir est une souffrance; l'absence du désir, c'est encore une souffrance; les ambitions qui la tourmentent ne s'éteindraient que pour la livrer au supplice de la satiété, ou aux rages de l'impuissance. Nous avons vu au milieu de nous ces hommes enviés qui avaient reçu le don du génie; entourés des joies de la famille, des jouissances de la fortune, des applaudissements de la foule, nous les avons vus dévorés par une incurable mélancolie. Pour ne citer qu'un exemple éclatant, le chantre de René ne nous a-t-il pas laissé dans ses Mémoires le secret de cette vieillesse chagrine qui, après avoir épuisé tous les plaisirs et tous les honneurs de la vie, se prenait à regretter les vives impressions d'une jeunesse obscure et malheureuse? Enfin si, à de rares intervalles, l'âme satisfaite ou désintéressée s'élève à ces hauteurs où les passions s'apaisent, où les douleurs s'émoussent, elle ne peut encore détacher ses regards des régions qu'elle abandonne, et, retenue devant le spectacle des folies humaines, elle se sent saisie d'une inexprimable tristesse; mal étrange que l'Église chrétienne a seule pu comprendre; elle l'appelle *mal du ciel;* elle se félicite de ne pouvoir le guérir ici-bas.

Cet aveu d'impuissance révolte les socialistes; Dieu est trop bon, disent-ils, pour nous donner l'instinct d'un bonheur impossible. Qui n'adorerait avec eux cette vérité? Mais quand ils en tirent cette conséquence, que nous devons rencontrer ce bonheur sur la terre, n'est-ce pas conclure contre leurs prémisses, car il suffit qu'un seul être verse une larme pour qu'il ait le droit de nier la bonté divine. Or, depuis qu'ils ont été créés, les hommes ont souffert; ils se sont plaints; ils ont fait monter vers le trône de Dieu un long cri de douleur, et ce Dieu n'a pas répondu; ce Dieu souverainement bon ne leur a pas révélé le secret de leur destinée et les moyens de l'accomplir; ce Dieu souverainement juste les a laissés se consumer dans un travail sans récompense, dans un combat sans couronnes, et préparer, au prix de tant de larmes et de sang, les merveilles d'une civilisation dont ils ne devaient pas jouir, et que leurs descendants recueilleraient un jour sans l'avoir méritée.

La doctrine du bonheur conduit ainsi à une accusation contre Dieu, et se réduit à un blasphème. Seul entre tous les socialistes, Fourier avait reculé devant cette impiété; il avait la prétention de fonder une secte religieuse; il attribuait à Dieu la promesse d'une félicité terrestre; mais comment concilier avec cette promesse l'histoire douloureuse de l'humanité? comment absoudre la Providence des souffrances de nos pères? Terrible problème que Fourier n'avait pu résoudre qu'en se créant un monde et un Dieu à lui; il faut bien, au point de vue du bonheur, étudier cette étrange cosmogonie.

Suivant Fourier, le globe se divise en deux mondes : de là deux sortes de vies pour l'homme, la vie présente ou *terrestre*, la vie *ultérieure* ou *aro-*

male(1). L'âme passe tour à tour, par une continuelle révolution, de l'une à l'autre de ces existences; chaque fois qu'elle renaît à la vie terrestre, elle revêt un corps nouveau; elle vient jouir des améliorations opérées pendant son absence. Il existe entre les deux mondes la même solidarité qui lie tous les habitants de chaque monde; les progrès ou les désastres de l'un réagissent sur l'autre : en sorte qu'il n'y a point de salut individuel; l'être n'est heureux que si l'universalité des êtres est heureuse; le bonheur ne peut régner dans un monde que s'il règne dans l'autre. On ne saurait donc accuser la Providence d'avoir ses privilégiés, et la promesse du bonheur s'accomplit pour toutes les générations, car, si elles ont traversé des âges de souffrances, elles doivent nécessairement arriver à des périodes plus fortunées.

Telle est la théorie de Fourier; sur quelle preuve l'a-t-il fondée? sur une preuve morale, sur une preuve de sentiment. Elle est vraie parce qu'il est bon qu'elle soit vraie, parce qu'elle est seule conforme aux desseins de Dieu sur les créatures, parce qu'elle peut seule remplir les aspirations du genre humain. Ce mode de raisonnement est légitime, sans doute, mais il ne suffit pas de croire à la Providence, il faut encore comprendre ses décrets et ne pas adorer, sous son nom, de folles conceptions.

(1) *Solidarité, vue synthétique sur la doctrine de Fourier*, par Renaud, p. 285 et suivantes.

Quand nous interrogeons la tombe où nos pères ont emporté tant de douleurs, quand nous demandons quel a été le prix de leurs longues épreuves, on a beau nous répondre : Vos pères revivent en vous, vos pères reçoivent en vous le dédommagement de leurs peines passées, nous n'accepterons jamais cette réponse, car nul ne se souvient de ces existences antérieures; nul n'a gardé l'impression de ces souffrances effacées par le temps; nul n'a senti le mort renaître dans le vivant, et s'il nous est impossible de comparer le présent avec le passé, si cette comparaison n'ajoute rien aux satisfactions du présent, si elle n'éveille pas en nous l'idée de notre passé récompensé, cette explication de nos destinées ne peut venir de Dieu, puisqu'elle nous laisse inquiets et mécontents.

Si je souffre aujourd'hui, l'espoir d'être plus heureux demain rend à peine mes souffrances moins vives; mais ajourner cet espoir à deux ou trois mille ans, mais le subordonner aux nombreuses métamorphoses que j'aurai subies dans l'intervalle, n'est-ce pas m'offrir une consolation dérisoire? Qui me prouve d'ailleurs qu'elle me sera donnée? On me répondra par le calcul des probabilités; on me dira que tant de retours à la vie doivent m'apporter une chance meilleure; mais je ne me contente pas d'une chance, je ne veux pas attendre l'avenir avec la perplexité d'un joueur.

Et puis, au milieu de ces transformations multipliées, que devient le dogme de l'âme immortelle? Si elle passe sans cesse d'un monde dans un autre, prenant à chaque transmigration un corps nouveau, recevant les nécessaires modifications d'une vie nouvelle, ce sera toujours, si l'on veut, le même principe, ce ne sera plus un être unique. Qu'importe la perpétuité de son essence, si elle ne conserve pas le sentiment de son individualité? Qu'elle rentre dans le néant, qu'elle se perde dans la source commune des intelligences ou qu'elle se perpétue isolément à travers une série indéfinie d'existences indépendantes les unes des autres, ces trois systèmes ne sont-ils pas une même négation des espérances que l'humanité a toujours adorées sous le nom d'immortalité de l'âme?

Je sais bien que les fouriéristes out une réplique toute prête; ils affirment qu'après de courts séjours ici-bas l'âme, remontant dans les régions aromales, y retrouve, avec ses souvenirs, le sentiment de sa personnalité. Mais la difficulté ne s'évanouit pas devant cette affirmation; n'est-il pas d'ailleurs évident que cette mémoire périodiquement renaissante deviendrait pour nous un instrument de supplice? Car si la vie aromale est meilleure que la vie terrestre, nous serons dans son sein continuellement troublés par la crainte d'un exil prochain sur la terre. Si, au contraire, les deux vies offrent à peu près les mêmes plaisirs et les mêmes peines, nous aurons beau alterner de l'une à l'autre, nos vœux ne seront jamais accomplis, et les promesses de cette cosmogonie aboutiraient à une éternelle déception.

Métempsycose pour métempsycose, je préfère cent

fois le boudhisme indien. Quand le prêtre du grand Lama enseigne que les âmes, suivant leur mérite ou leur démérite, passent du corps des animaux dans celui des hommes, du corps des hommes dans celui des anges, et s'élèvent ainsi, de degré en degré, jusqu'à l'essence divine, où elles se confondent, je trouve du moins dans cette doctrine une règle de justice présidant à l'accomplissement de mes destinées; je vois un but que ma volonté peut atteindre. Sans doute je ne suis pas encore satisfait, puisque cette absorption de mon âme en Dieu serait la fin de mon être, puisque ce néant divin serait l'unique terme des fatigues de la vie; mais enfin une règle existe, un but m'est proposé. Rien de semblable dans le fouriérisme. Que m'annonce-t-il, en effet? une perpétuelle renaissance au sein de l'humanité, c'est-à-dire un retour incessant à tous les travaux et à toutes les peines de ce monde, une monotone succession d'existences qui n'auraient entre elles aucun lien, et que le caprice des temps rendrait seul plus ou moins malheureuses; jamais un progrès définitif, jamais le repos, jamais la récompense.

Où serait donc le gouvernement de la Providence, si nous n'avions ici-bas d'autre but à poursuivre, ni d'autre rémunération à attendre que la félicité qui nous viendrait des choses humaines si changeantes et si fugitives? Où serait la justice de Dieu, si chacun de nous ne tenait pas sa destinée dans ses propres mains, si nous n'étions pas certains d'arriver au bonheur par nos efforts individuels, si nous devions être punis ou récompensés, non d'après nos actes, mais d'après les actes de ceux qui nous entourent? Quoi de plus indigne de la Divinité que cette loi de la solidarité qu'on ose aujourd'hui lui attribuer ; loi odieuse qui nous tiendrait enfermés sans retour dans le cercle fatal de l'humanité, et nous abandonnerait à l'action des autres hommes, jouets éternels de leurs passions ou de leurs erreurs; en sorte que le dévouement des uns serait pour toujours asservi à l'égoïsme des autres, le génie enchaîné à toutes les sottises de l'ignorance, la vertu à tous les caprices du crime? Puisque ma conscience seule, puisque ma volonté seule m'appartiennent dans ce monde, c'est de l'usage seul de ma volonté que doit dépendre mon avenir. Je ne suis pas maître de la nature qui m'environne, je ne suis pas maître de mes semblables qui s'agitent autour de moi, de leurs affections si variables, de leurs opinions si incertaines; mais je suis maître de faire mon devoir, d'où je conclus que si le bonheur n'est pas le don du hasard, il doit être le prix de la vertu. Voilà précisément pourquoi je ne le cherche pas sur la terre; c'est qu'il n'y a pas de vertu sans épreuve, de progrès sans effort, de victoire sans combat. La vie humaine est une lutte; la lutte promet le triomphe; mais a-t-on jamais triomphé au milieu des agitations et des douleurs du champ de bataille?

Le désir du bonheur, que Dieu a mis dans le cœur humain, doit être satisfait; mais le bonheur ne s'étant pas encore montré, les générations qui nous ont précédés n'ayant pu l'obtenir, il suit que Dieu n'a pas voulu nous le donner gratuitement; car on ne peut supposer qu'il ait ainsi réservé à nos successeurs une faveur réfusée à nos devanciers. Or, il n'y a pas de milieu entre un don gratuit et un don conditionnel. La seule condition digne de Dieu, c'est l'épreuve qui élève l'âme jusqu'à lui, et, par le perfectionnement de notre nature, nous prépare à un ordre supérieur de destinées. Cette loi est nécessairement égale pour tous; tant qu'il y aura des hommes ici-bas, ils devront tous travailler à cette pénible transformation de leur être moral, à cette seconde création d'eux-mêmes; d'où cette dernière conséquence que la terre étant le théâtre de l'épreuve, ne peut être en même temps le lieu de la récompense qui nous attend dans un autre séjour. Il est impossible qu'un raisonnement fondé sur l'existence de Dieu puisse aboutir à une autre conclusion. En vain les socialistes se sont-ils débattus contre cette nécessité logique. Placés dans l'alternative ou d'abandonner leur idée de la félicité terrestre ou de nier l'existence de Dieu, ils ont préféré ce dernier parti. Pour sauver l'honneur de leur système, ils se sont réfugiés dans le sein de l'athéisme le plus complet.

Il faut bien le reconnaître, l'athéisme est à l'ordre du jour dans les rangs socialistes; les communistes allemands l'ont dégagé des formules hypocrites sous lesquelles les communistes français le tenaient caché. Cette négation, longtemps réservée dans les sociétés secrètes pour le dernier degré de l'initiation, on l'enseigne au grand jour, on l'inscrit, comme un cri de guerre, sur la bannière démocratique. Dieu est une puissance ennemie qu'il faut détrôner, comme on a détrôné les rois; nul mieux que Proudhon n'a exprimé cette passion rebelle; Proudhon qui ne consent à admettre la Divinité que pour l'outrager, pour la proclamer l'adversaire de l'homme, pour exciter contre le Créateur tous les ressentiments de la créature.

Cependant *il ne suffit pas d'être athée; il faut encore être athée conséquent*(1). Dernier progrès que recommandait naguères un montagnard dans une feuille destinée à l'instruction populaire. Suivons donc ce beau précepte; voyons quelles sont, au point de vue du bonheur, les conséquences de l'athéisme.

Si nous considérons l'univers comme l'œuvre d'un principe inintelligent, rien ne nous autorise à croire que les lois de notre nature nous dirigent vers un avenir de perfectionnement et de rémunération. Ainsi s'évanouissent tout d'abord, avec les promesses de la vie future, ces consolations de la vie présente, dernière ressource des êtres malheureux qui n'échappent au désespoir qu'en appelant de l'injustice des hommes à la justice de Dieu.

Or, si la foi en Dieu ajoute à notre foi en l'immortalité de l'âme, il n'en résulte pas que la négation de

(1) « Il est beau sans doute d'être athée; mais cela ne suffit « pas........ Le tyran qui ne se fait faute d'aucun crime contre « le peuple doit, à défaut de la Providence qui n'existe que « pour les sots, rencontrer un homme enfin qui le traite selon

Dieu entraîne la négation de cette immortalité. Ces deux idées peuvent se concevoir séparément et se fonder sur des preuves distinctes. Le progrès des connaissances physiologiques, l'étude plus approfondie de l'organisation humaine apportent leur témoignage à cette croyance d'une existence perpétuelle. Depuis le sein maternel jusqu'à la tombe, depuis l'état d'embryon jusqu'aux derniers développements de l'âge mûr, l'homme se transforme chaque jour sans jamais cesser d'être lui-même; la science observe ce mystérieux phénomène; devançant les promesses de la résurrection chrétienne, elle se demande si la mort n'est pas un autre renouvellement de la vie, une crise qui dégage les germes de renaissance déposés dans tous les éléments de l'être; en sorte que le matérialisme s'unirait enfin au spiritualisme pour affirmer notre immortalité. Mais, si ces destinées éternelles ne se développent pas sous la protection d'une divinité juste et bienfaisante, où nous conduisent-elles? quelles nouvelles douleurs nous réservent-elles? Avec quelle terreur devons-nous les attendre! Second bienfait de l'athéisme! Il ne supprime pas seulement les espérances de l'autre vie, il les remplace par les craintes les plus poignantes, par les doutes les plus cruels, et la mort,

« ses œuvres. Puisqu'il n'y a pas d'autre vie, il faut de toute « nécessité faire l'office de bourreaux sur la terre contre ceux « qui l'oppriment. » (Extrait du *Moniteur républicain*, sixième numéro, mai 1838.)

déjà si terrible par elle-même, si triste par les séparations qu'elle opère, deviendrait mille fois plus effrayante encore par le mystère redoutable dont elle serait entourée.

Si l'athéisme nous refuse l'avenir, nous laissera-t-il au moins le présent? Nous permettra-t-il de jouir paisiblement de ce monde? Respectera-t-il les conditions de cette vie sociale, si nécessaire et si difficile à la fois pour les hommes que leurs instincts rapprochent et que leurs passions divisent? Le premier lien, le premier fondement des sociétés, c'est le sentiment du devoir. Mais, si Dieu n'existe pas, qu'est-ce donc que le devoir? une loi qui n'aurait pas eu de législateur et qui n'aura pas de sanction; une pure conception de l'esprit humain, belle sans doute, mais que sa beauté seule recommanderait aux plus nobles intelligences. La morale perdrait son caractère obligatoire; la foule ne se soumettrait pas à ses prescriptions par le seul amour de l'idéal. Qu'importe cependant l'héroïsme de quelques âmes d'élite, si le sentiment du devoir ne vit pas dans le cœur des masses et ne dirige pas toutes leurs actions? A-t-il jamais dépendu de la vertu d'un homme d'arrêter la décadence des nations corrompues? Socrate a-t-il sauvé Athènes, et le martyre des premiers chrétiens a-t-il empêché la ruine de l'empire romain?

Resterait encore l'honneur, cette sanction humaine du devoir; mais ce sentiment, qui tire toute sa force de l'opinion, est, comme elle, sujet à s'égarer. S'il a fait, au moyen âge, les prodiges de la chevalerie, c'est qu'il s'inspirait des plus généreuses pensées du christianisme. Quand il s'éloigne de l'idéal divin, il se corrompt ou il se perd; entraîné par toutes les passions populaires, il produit les mœurs sauvages de Sparte, les cruautés du vainqueur indien, les meurtres héréditaires de la Corse; il devient pour le mal un mobile aussi puissant que pour le bien.

Devoir, honneur, illusions religieuses, vieilles idées qui ne suffisent plus au génie des socialistes; ils veulent réformer le genre humain, et ils commencent par répudier toutes les croyances qui, jusqu'à ce jour, lui ont donné l'énergie des grandes choses. Jamais cependant crise plus effrayante n'a exigé le concours de ces puissances morales. Toutes nos agitations, tous nos troubles se résument dans l'antagonisme de l'esprit de liberté et de l'esprit d'égalité. Si ces tendances opposées ne sont plus conciliées par un principe supérieur de justice, si l'homme doit renoncer à l'indépendance de sa personne, s'il doit abaisser toutes ses facultés, toutes ses volontés, toutes ses affections sous le niveau de l'égalité, jamais sacrifice plus pénible ne lui aura été demandé. Quelle force produira donc ce renoncement? La charité? mais c'est une vertu religieuse que le christianisme nous a enseignée et qui ne saurait lui survivre. La fraternité? comment existerait-elle où n'existerait plus la famille? Quand le prêtre catholique m'ordonne d'aimer les hommes comme des frères, je le comprends, parce qu'il parle au nom de *notre père qui est aux cieux;* ce langage convient-il aux docteurs communistes qui ont nié Dieu, nié la vie future, nié le principe de toutes les obligations? Au nom de quelle autorité viennent-ils nous prêcher ce dévouement absolu?

Au nom de vous-mêmes, disent-ils, vous avez besoin de vos semblables, et vos semblables ont besoin de vous; donnez-leur tout afin d'être en droit de tout leur demander; *aimez-vous dans les autres, aimez les autres en vous*. Mais le mysticisme de ces formules ne peut cacher leur esprit égoïste; elles conseillent l'amour comme un calcul, le dévouement comme une spéculation. Tout le secret des communistes consiste à rajeunir la vieille doctrine de l'intérêt bien entendu; la fraternité leur est au fond si indifférente qu'ils ont retranché son nom de la devise révolutionnaire; ils ont mis à la place le mot *solidarité* qui n'exprime ni un sentiment ni un devoir, mais une simple relation de fait.

L'intérêt, voilà donc l'unique mobile de la civilisation socialiste; mais quand les hommes n'obéissent qu'aux inspirations de leur égoïsme, ils ne connaissent bientôt plus d'autre loi que celle du plus fort. Les passions les plus hardies gouverneront la société; toutes les insurrections, toutes les tyrannies deviendront également légitimes; le suffrage universel ne sera plus qu'un instrument légal pour dévorer les minorités. Ce ne sont point là de vaines terreurs; assez de ruines, assez de tombes l'attestent dans notre pays; s'il faut dépouiller la moitié d'une nation pour satisfaire les convoitises de l'autre moitié; si, pour échapper aux massacres de septembre 1792, il faut livrer les batailles de juin 1848, notre temps n'a rien à reprocher au passé, comme il n'a rien à promettre à l'avenir.

Ainsi, les espérances de l'autre vie détruites, les terreurs de la mort augmentées, le fondement des devoirs ébranlé, la dignité de l'homme avilie, le trouble dans les âmes, la guerre dans la société, le désordre et la souffrance partout, telles sont les conséquences fatales de l'athéisme. Si jamais cette négation triomphait de notre raison, elle suffirait pour assombrir la vie humaine au milieu de toutes ses joies et de toutes ses splendeurs; à part ces êtres dégradés qui se plaisent dans le mal, comme les reptiles dans la poussière, quelle intelligence pourrait se consoler de la privation de Dieu?

Or, si j'ai démontré que l'idée de la félicité terrestre est incompatible avec l'idée de Dieu; si je démontre en même temps que cette félicité serait impossible où dominerait l'athéisme, il faut bien, à quelque point de vue que l'on se place, reconnaître que le *droit au bonheur* n'existe pas; ce droit ne dérive ni des lois de la nature humaine, ni des lois de la nature divine; c'est un mensonge fait aux peuples, et quel mensonge a jamais été exempt de danger?

Sans doute notre condition s'améliore tous les jours; on ne saurait assigner de limite aux progrès incessants du bien-être; mais chacun de ces progrès s'achète par une pénible initiation, par un double effort d'intelligence et de moralité. L'homme ne remporte pas sur la matière une seule victoire qu'il n'ait d'abord remportée sur lui-même; les sociétés, comme les individus, ne grandissent que par le travail et la lutte. Si nous pouvions jamais nous croire contents de notre sort, si nous pouvions déclarer notre œuvre accomplie, que de soins il faudrait encore pour conserver les conquêtes du passé; car la pente est rapide vers la décadence; il suffit d'un jour de crime ou de folie pour compromettre la fortune d'un siècle. Ainsi les jouissances du repos, comme les jouissances du progrès, sont toutes au prix d'une épreuve; la civilisation la plus brillante pourra seulement changer les formes de cette épreuve; elle ne la supprimera point.

Comment donc concilier la promesse d'une félicité absolue avec cette nécessité de l'épreuve? On aura beau répéter que le perfectionnement moral est la première condition du bonheur, la foule, plus logique, répondra que la vie s'use à poursuivre une vertu trop difficile. Si l'on ne lui montre pas d'autre but que la satisfaction présente de ses désirs, elle n'acceptera jamais, pour y arriver, une voie qui l'en éloignerait sans cesse. On lui annonce le paradis terrestre; elle veut y entrer sur le champ, prête à briser tous les obstacles, comme à refuser toutes les conditions; elle veut le succès sans effort, le plaisir sans peine, la richesse sans labeur; mais comme, après le travail et l'économie, le seul moyen de s'enrichir est de prendre le bien d'autrui, cette spoliation lui paraîtra une conséquence légitime des principes qu'on lui enseigne.

Le droit au bonheur, en effet, suppose l'absence de toute contrainte morale, de toute gêne imposée à notre nature; il suppose la négation du devoir, car ces deux idées, devoir et bonheur, épreuve et jouissance, impliquent contradiction. Il est donc impossible qu'une doctrine, fondée sur le droit au bonheur, s'attachant à déduire tous ses corollaires, n'arrive pas, sur toutes les questions, aux solutions les plus immorales et les plus subversives. Voilà pourquoi le socialisme attaque la propriété, la famille, toutes les formes sociales, toutes les institutions politiques, toutes les lois religieuses qui peuvent servir de frein à nos vices. Voilà pourquoi il s'en prend à Dieu pour le maudire, et, dans sa rage impuissante, retrouve les blasphèmes que la fiction du poëte avait prêtés à l'orgueil des anges révoltés.

Cette lutte impie n'est pas nouvelle; de tout temps les plus mauvaises passions se sont agitées en ce monde; elles ont cherché de brutales satisfactions dans la violation de tous les devoirs; elles étaient pourtant peu dangereuses; obligées de rougir d'elles-mêmes, n'osant pas s'avouer les unes aux autres, elles ne se produisaient que par des crimes isolés; la société en avait facilement raison. Aujourd'hui la doctrine du droit au bonheur leur crée une légitimité; partout où leur caprice les pousse, elles se croient autorisées à marcher;

le socialisme leur permet de se montrer la tête haute et de s'associer au grand jour; c'est une formule commode pour cette pudeur du langage qui survit à la conscience; c'est un moyen pour les plus honteux sentiments de se reconnaître et de s'entendre sans se nommer; c'est la franc-maçonnerie du mal.

Ainsi se forme en toute sécurité une ligue redoutable qui, depuis les voleurs de carrefour jusqu'aux aventuriers politiques, recrute peu à peu tous les méchants instincts, tous les désirs coupables, toutes les ambitions mécontentes. Pour la première fois la corruption s'organise et se discipline; elle a son camp, ses chefs, son mot d'ordre; elle marche à l'attaque des gouvernements, parce que les gouvernements protègent les droits et les personnes des citoyens, parce qu'il faut renverser cet obstacle pour s'emparer de la société et la mettre au pillage.

Le caractère de cette vaste conspiration ne se trahit pas seulement dans les écrits communistes; l'œil attentif le suit dans tous les faits contemporains. Il y a peu de dossiers criminels où n'apparaisse cette influence des sectes nouvelles; et si la statistique judiciaire des insurgés de juin pouvait être publiée, on apprendrait avec effroi combien de ces soldats de l'émeute étaient des repris de justice. Les désordres politiques naissent des désordres privés; les mauvaises passions débordent. Ce flot irrité qui vient incessamment battre les barrières de la société, les magistrats le voient monter tous les jours; ils entendent ses sourds mugissements, ils connaissent ses sources impures; il leur appartient de signaler le danger.

Le mal n'est pas seulement dans les formes politiques; nous avons, depuis soixante ans, essayé de toutes les combinaisons, sans nous arrêter sur le penchant de l'abîme; les meilleurs gouvernements sont impuissants avec des mœurs dégénérées. Le mal est dans la conscience publique; c'est là qu'il faut porter le remède promptement, énergiquement.

Ce remède, nous devons sans doute le demander aux influences religieuses. Le christianisme seul réconciliera le passé avec l'avenir; seul il satisfera ces rêves de félicité qui nous agitent; car c'est de lui que nous viennent la patience et le dévouement, ces deux vertus nécessaires à tout progrès social, et, quand il ne peut supprimer une douleur, il la transforme, il en fait une espérance.

Mais Dieu seul donne la foi; on ne saurait la décréter comme une mesure de salut public; on peut seulement la conseiller par l'autorité de l'exemple ou de la parole, et l'action de ce prosélytisme serait encore trop lente pour nous sauver. Il nous faut des moyens humains immédiatement applicables; le plus sûr de ces moyens, c'est la puissance de l'opinion, c'est la sévérité de ses jugements, sévérité depuis trop longtemps oubliée, car nous sommes arrivés à ce degré d'indulgence que les fautes aujourd'hui échappent plus facilement à la honte qu'à la peine, et, pour obtenir les faveurs de la société, le meilleur métier est de l'attaquer et de la troubler. Fonctionnaires qui comptent leurs avancements par le nombre des révolutions qu'ils ont flattées; écrivains qui demandent leurs succès moins à la force du talent qu'à l'éclat du scandale; professeurs qui, perdant le respect de la jeunesse, poursuivent une bruyante popularité dans l'enceinte paisible des écoles; orateurs qui ne connaissent pas de milieu entre les vanités du pouvoir ou les fureurs de l'opposition, tour à tour tribuns ou ministres, pamphlétaires ou courtisans, passant leurs matinées dans les clubs et leurs soirées dans les salons, courant des antichambres officielles aux tripots démagogiques, ces hommes sont partout admis, partout applaudis; ils tirent un égal profit de l'ordre et du désordre, de la guerre et de la paix.. Ah! si les honnêtes gens savaient s'entendre; s'ils avaient l'énergie et la fierté de leurs sentiments; s'ils refusaient la main à quiconque est indigne de la toucher, l'exemple de tant de fortunes coupables serait moins contagieux; et, pour ceux qui ne se contentent pas des satisfactions de la conscience, il y aurait enfin un intérêt à rester fidèles au devoir.

Puisque c'est une mode aujourd'hui de réformer toutes nos lois, occupons-nous de réviser l'antique législation de l'honneur et de l'approprier aux besoins de notre époque. La forme républicaine exige de nouvelles vertus, comme elle nous expose à des vices nouveaux. Fixons les règles de l'honneur politique, donnons-leur une sévère sanction, et n'assistons plus aux événements de la vie comme à un spectacle où l'on se passionnerait pour le jeu des acteurs, sans se soucier de la moralité du dénoûment.

Imprimerie de Gustave Gratiot, 11, rue de la Monnaie.

www.ingramcontent.com/pod-product-compliance
Lightning Source LLC
LaVergne TN
LVHW010302230826
846091LV00007BB/2666

* 9 7 8 2 0 1 9 2 5 1 6 1 1 *